떠나려는 모든 청춘에게

- 이시월 시선집 -

시인의 말

감성을 품은 나그네가
시인의 흉내를 내볼까 합니다.

-툭

문장으로 내뱉은 것은
정처 없이 떠돌다가
우연히 주운 순간을 옮긴 것뿐입니다.

누구에게나
품어진 것들이니
익숙히 녹아들 것입니다.

두서가 길었습니다.
다시 걷다가 문장을 남겨 놓을 테니
새긴 획을 따라 편히 머무르시길.

차례

1부. 삶의 조각들 사이에서

공병 · 14

윤슬 · 16

별아 · 17

꽃말 · 19

난 아직도 · 20

싸구려 커피 · 21

아이 · 22

블루 · 24

파열 · 25

모닥불 · 26

열차 · 27

국물 · 29

텅 · 31

진도 · 33

버스정류장 · 35

정원 속 꽃 · 37

여름의 결말 · 38

2부. 아득히 멀어지는 그대

살점 · 42

밖에 · 43

밤하늘 · 44

너는 나의 도서관 · 45

한 줌 · 47

사랑의 이유 · 48

너는 나의 문장 · 49

거짓말 · 50

달 · 51

아스라이 · 52

그대여 · 54

화상 · 55

눈 · 56

중력 · 57

돌고 돌아 · 58

메아리 · 59

터널 · 61

3부. 촌스럽고 서툰 청춘

청춘 · 64

길 · 65

오늘에 날씨는 맑음 · 66

가방 · 67

성장통 · 69

세상은 · 71

질문 · 73

책상 아래 · 75

내일 · 76

찬찬히 · 78

가난 · 79

폭식 · 82

멍청한 녀석 · 83

결핍 · 84

만일 · 85

같은 길 · 86

첫 문장 · 88

나그네 · 90

생애 가장 아름다운
시기에 놓인 그대가
다가올 것을 앞당기지 않길 바라며
찬찬히 세상을 유영하며 나아가길.

2024.09.25.

1부

삶의 조각들 사이에서

공병

철썩이는 파도 속에 묻혀있던 돌멩이 하나.

초록빛이 알록달록하게 빛나
눈길로 한 번 어루만지고
손길로 두 번 쓰다듬었다.

거칠지도 않고,
매끄럽지도 않은 것에
마음을 온전히 빼앗기던 찰나,

아버지께서는 '공병' 조각이
물살에 다듬어진 것이라고 말씀해 주셨다.

아들이 실망하진 않을까,
조심스레 알려주신 사실이지만,
나는 더욱 해맑게 웃었다.

속절없는 풍파에 닳고 닳아도
아름다울 수 있다는 게,

세월이란, 늙어가는 것과
찬란해지는 과정이라는 사실에
미소를 담아, 공병 조각을 제자리에 두었다.

다음에 볼 땐, 서로가 더 아름답게 만나길 바라며.

윤슬

노을과 바다가 함께 일렁거릴 때,
어둠과 달이 함께 맞닿을 때,
칙칙한 세상을 반짝이네.

나는 어떤 것과 어우러져야 할까.

형형색색 발산되는 것을 모아
한가운데 사무쳤지만
달라지는 것은 없네.

날숨엔 아쉬움이 내뱉어지고,
들숨엔 비참함이 담길 때,
서서히 떨어지는 눈물.

차가운 공기 속에 있어,
아름다운 결정처럼 굳고 알았네.
나의 윤슬은 고요히 숨어있다는 걸.

별아

피어나고
내리쬐고
시들고
얼어붙고

다시 피어나는 별아.

네 속에 담긴 한 사람이
사계를 추앙한단다.

값진 우연일까
질긴 인연일까
모든 것은 필연이겠지.

이곳에 떨어져 앉아
너를 우러러볼 수 없을 때,
그제야 한없이 작은 나를 느꼈단다.

포근해라,
걱정 없이 떠돌아다닐 먼지가 되니
나는 행복하단다.

넓은 공간을 지닌 별아,
나의 근심을 내려놓아도 티 나지 않을 테니
너의 것에 조금은 묻히고 떠나도 될까.

괜찮아졌을 때, 다시 돌아와 주울 테니
오늘만큼은 내려놓아도 괜찮을까.

꽃말

이름조차 없는 꽃,
사람들은 들풀이라 부르며
무심하게 대할 뿐이었다.

얄팍하기도 해라.
살아가는 것 자체만으로 힘든 너에게,
꽃말 하나 정도는 남겨줘도 되지 않을까.

나와 닮은 모습을 지녔으니
'독백', '외로움'이란 단어를 건넸다.

밝고 화사한 것은 아니었으나,
꽃은 반갑게 몸을 흔들었다.

이조차 우리 같은 존재에겐
소중함으로 기억되는 매한가지구나.
꽃아.

난 아직도

그해 여름 속에 살고 있어요.

차갑게 식은 눈물조차
따듯하게 데워주는 계절에 담겨 있어요.

타인을 위해 스스로 무너졌던 시기를 대변하듯,
억수로 비가 많이 쏟아지는 먹구름 아래 있어요.

차갑고, 뜨겁고,
그러다 다시 식어버리며
생기를 잃어버릴 가을을 기다려요.

언제 오는 걸까,
마음 편히 떨어질 계절 끝에
난 아직도 간신히 매달려 있네요.

싸구려 커피

따듯한 물에
믹스커피를 붓고
빈껍데기로 휘적휘적.

저렴한 여유 한 잔을 삼키며
몸과 마음이 녹아내릴 때
아른거리는 바깥 풍경.

사이렌 소리도
자동차의 경적도 울리지 않고
세상의 고요함이 느껴질 무렵.

어느새
달콤함의 농도가 가득 고인
짙은 색의 마지막 한 입.

원샷, 싸구려 하루도 함께 저물고 버려지네.

아이

눈물을 참으면 소년이 되고
설움을 삼킬 줄 알면 어른이 되고
체념하게 되면 노인이 된단다.

익어가는 것만이 성장이 아니기에
참고 애써 버티는 것이 과정이기에
삶이란 건 참혹할 때가 있단다.

아이야,

불순물 없는 순수한 미소를 잊지 마렴.
일찍이 어른이 되려고 애쓰지 마렴.
너만의 삶을 향해 나아가렴.

그렇지 못한 어른이 건넨 말에
짙음이 묻어날지라도
소중히 안고 곁을 떠나렴.

여긴 너와 어울리지 않는 곳이란다,

아이야.

블루

바다의 소리가 한곳에 모인
소라껍데기를 주웠다.

오묘한 것에 매료되어
지그시 눈을 감은 순간
두려움이란 감정을 느꼈다.

한없이 넓은 바다에게도
아픔이 적셔져 있나 보다.

블루, 파란 것엔
슬픔을 빼놓을 수 없나.

거울 속에 비친 한 소년의 채도는
푸르고 짙게 묻어져 있었다.

바다보다 더한 것이
이 작은 몸뚱아리에 담긴 걸까.

파열

수없이 쪼개지는 생각은
날카롭게 변하여 마음을 찢는다.

덧나지 않게,
멈추어야 하지만,
쉼 없이 파생되는 것들로 인해
푸른 피가 흐른다.

우울과 설움이 뒤죽박죽 섞인,
찐득하기만 한 것이
타인에게 묻을까,
걱정부터 하는 나와 당신,

우리, 서서히 파열 되어가는 중이다.

날카롭지 않게, 조금은 무디게.

모닥불

타닥타닥, 불타오르는 장작을
흐린 눈으로 가만히 바라보네.

아름다운가,
붉은빛, 주황빛이 섞인 듯한 염원이,

두려운가,
모든 걸 집어삼킬 듯한 욕심이,

감정의 동요가 없는가,
그렇다면 장작이 될 준비가 되었다는 뜻,

메마른 것은 순식간에 타버린다.

열차

창밖으로 보이는 풍경을
빠르게 담아냈다.

졸졸 흐르는 강줄기에
멍을 때리고,

잠시 정차한 곳에서는
나의 목적지와 다른 이들을 바라봤다.

칙칙폭폭, 옛것처럼
석탄도, 수증기도 없는
이 열차는 무엇을 싣고 가는가.

민들레 홀씨 마냥
가볍게 느껴지는 이동,

시대가 변할수록
모든 게 급히 떠나가려 하니
기억되려는 것조차 서서히 사무친다.

이내, 익숙함에 속는 것이겠지.

국물

한 입 들여 마시니
입맛이 다시 도는 국물 한 입.

멸치로 육수를 냈는지
감칠맛이 확 도는 게
속까지 달래주네.

잘 익은 김치 하나 집어서
밥이랑 함께 먹고
다시 국물 한 입.

개운해지는 입안에
약간의 기름기가 감도네.

건더기는 조금 남기고
다 마친 식사를 바라보니
아쉬움이 없네.

적당한 배부름,
의자에 기대어 밖을 보니
흘러가는 것들이 눈에 보이네.

-사악

가셔라,

내가 맛있게 삼킨 것처럼
잔상이 편안히 소화되길 바라네.

텅

빈 거리를 서성이는 그림자.

어딜 가야 하나,
소리 없이 고개를 두리번거리고,

가로등 아래,
자신도 밝아질 수 있을까 하여
애써 피어난 민들레 곁으로 가네.

화사하게 빛날 줄 알았던 오해,
채울 수 없는 색감을 탐욕,
존재의 가치를 부정.

텅,

비워지는 행복,

그림자라서,
오늘 밤이 지나면 괜찮을 거라고 스스로
다독이며 새벽 속에 녹아드는 인생.

지금의 외로움은
내일이란 새로운 여백을
채우기 위한 준비일 뿐이라고

속이는 그런 하루.

진도

초록의 짙음이 남다른 도시,

땅끝 마을, 해남보다 더 멀리 있는
이곳 부두 자리에 걸터앉은 채
바다 내음을 힘껏 삼켜본다.

달짝지근하면서도
담백한 것이 코를 간지럽혀
거센 재채기를 했다.

질끈 눈을 감았다 떠보니,
서서히 번지는 저녁노을 아래.

떨어지는 그림자가 빨래걸이에
맥없이 널브러지네.

마르려나,
축축하기만 했던 새벽도
잠잠히 쉴 수 있으려나.

기대를 품게 하는 이곳은 진도.
내가 걸을 수 있는 맨 끝에 있다네.

버스정류장

한여름에 내리쬐는 햇볕.
지글지글 익어가는 길거리.
투박하게 지어진 버스정류장.

초침은 쉬지 않고 흐르는데
내가 기다리는 버스는 왜 이리도 안 오는지.

투덜투덜, 눈앞에 놓인 작은 돌덩이를
세게 걷어차고, 괜한 짜증을 덜었네.

얼마나 지났을까,
저 멀리서 다가오는 201번 버스,
반가운 마음과 함께 손을 흔들었네.

기사님께 가벼운 인사를 건네고,
오래된 가죽 시트에 앉아 창밖을 보니
나뭇잎도, 하늘도, 푸르고 푸르네.

불안정한 환경에서 멈춰 있는 건 더위.

시원히 나아가는 건 우리의 낭만,
정차하기에 아까운 순간.

정원 속 꽃

초록빛이 감돌지 않아도,
수놓인 몇 천 송이 꽃이 없어도,
화사하게 빛나지 않아도 괜찮다.

하늘에 뭉쳐있는 구름과
새벽 속에 떠다니는 별.

가꿔지지 않았을지라도
외관상 투박해 보일지라도
멈춰 있지 않고 흔들리는 중이라면
나만의 정원으로 연장된다.

살랑, 바람과 맞닿아
흔들리는 미동은 꽃이 되는 과정.

털썩, 못 버티고 주저앉아
휘청이는 건 정원 속에 담긴 결과.

여름의 결말

내리쬐는 볕에 익어
새벽 향조차 산뜻해진 시간.

쏟아지는 비에 스며들어
비릿하지만 달콤한 분위기가
느껴지던 순간.

푸른 잎을 가득 매어
근사한 옷을 차려입은 나무가
행복해 보이던 날.

찬란함을 탕진해도
영원할 것 같던 계절.

가을에 의해 소실된 걸 알면서도
멋스럽게 이별을 준비하는 시기.

잉크가 사방으로 번질 만큼
마침표를 세게 짓누르고
떠나보내는 결말까지.

시들어도 아쉬울 거 없던
그해 여름의 이야기 끝.

2부

아득히 멀어지는 그대

살점

사랑하면 아프다.
이별해도 아프다.

그럼에도 누군가를
또다시 사랑하고 아파하길 반복한다.
마치 시들 걸 알면서도 피어나는 나뭇잎처럼.

사랑이란 열병에 인해 피어나고
이별이란 병열에 인해 저물어도.

곪은 상처에는 반드시 새살이 돋는다.
그 살점이 당신이라 나의 사랑은 언제나 연하다.

밖에

사랑해서
사랑하는 것이 아닌

사랑할 수밖에 없어,
당신을 사랑하네.

묵음으로 꺼낸 속마음과
들키지 않은 비밀을
서둘러 알아채 줬으면 좋겠네.

나밖에 못할 그런 사랑,
우리 밖에 못 할 그런 사이.

중간쯤 어딘가에서
당신의 따스한 눈길을
찬찬히 따라 걸으며 기다리네.

밤하늘

점을 찍으면 별,
원을 그리면 달,
사방에 튄 잉크는 먹구름,
그 아래 놓인 너와 나.

내일은 어떤 그림을 그릴까,
서로를 마주 보며 웃는 가운데,
조용히 피어나는 그림자들.

사무칠 뻔했던 것이
이곳에 모두 모여 환히 웃고,
주위를 더욱 밝혀주네.

너는 나의 도서관

허름한 도서관에 들어갔다.
서재를 살피다,
우연히 꺼낸 책 한 권,

오래되어서일까.
꿉꿉한 냄새가 옅게 코를 간지럽히고,

세월이 흘러서일까,
잉크 자국들이 주변으로 조금씩 퍼져있다.

한 페이지씩
스르륵 넘기다,

이름 모를 이에
털어놓지 못한 진심을 듣게 되었다.

"이 문장 속에 함께 담기고 싶은
내 마음을 알아줬으면 좋겠다."

삐뚤빼뚤, 떨린 글씨는
마치 감정의 파동이려나.
눈을 지그시 감으니
달콤한 포도 냄새도 났다.

주렁주렁,
때깔 좋은 풋풋함이 사랑이란 과실을
한 입에 몽땅 삼킨 것처럼 달콤함을 느끼게 한다.

그이가 남긴 한 줄의 문장이
도서관에 있는 단어를
모두 삼켰다.

한 줌

한 줌의 모래를 쥐고 있으면
빈틈 사이로 흘러 바람을 타고 떠나간다.

하지만, 물과 맞닿으면 고운 입자끼리
엉겨 붙으면 쉽게 떨어지지 않는다.

그래, 우리를 단단하게 굳혀줄 요소는
사랑만이 최선이 아니다.

종종, 마찰로 인해 생긴 땀과,
눈물도 이롭게 받아들인다면
모래성처럼 단단해질 수 있다.

한 줌보다는 적게,
한 줌보다는 짙게,
뒤섞일 사랑의 투박한 형태.

우리만의 고유한 정의가 된다.

사랑의 이유

힘들 때 이유 없이
바다가 보고 싶은 것처럼,

너는 나에게 이유 모를 사랑을
안겨주는 사람, 사랑, 삶.

너는 나의 문장

함께하는 모든 순간이
문학가인 내게 영감이자 소재가 된다.

사소한 것도, 예기치 못한 것도,
인생을 회고할 문장으로 모두 새긴다.

이야기의 결말은 알 수 없지만,
불안할 틈과 여백에 혼을 뺏기지 않으련다.

행복은 쉼표,
불안은 마침표.

툭 끊기지 않게
꽉 끌어안을 너는 나의.

거짓말

안녕은 우연한 만남,
안녕은 영원한 이별.

당신이 건넨 안녕에
한 번 웃고, 두 번 울었기에
꺾인 고개를 따라 추락 된 날.

혼자가 되었다는 걸
거짓말이라고 믿은 바보의 부정.

펑펑 쏟아진 사랑은 방수된 감정에
계속해서 차올라 슬퍼할 뿐.

믿고 싶지 않은데
믿어야 하는 것까지 사랑이라 여긴 최후.

달

초승달이 떨어진다.
톡, 다시 생겨날 테니 미련 없이 보내준다.

보름달이 떨어진다.
툭, 내게 처음 떨어진 것이기에 불안하다.

더 이상 생겨나지 않을 것 같은 느낌,
그것이 너와 나의 이별이었다.

다시 붙일 수도 없는 마지막이
허무하게 멀어진다.

아스라이

한 소절 부른 노랫말이
저 멀리 날아갑니다.

듣는 이는 숲속 골짜기에서
지저귀는 작은 새 한 마리,

보답하려는 듯
이내 회신이 돌아옵니다.

언덕 위에 누워
그리운 이를 떠올립니다.

푸른 도화지에
투명 잉크로 적었는데

구름의 이동 속도는
한결같이 흘러갑니다.

닿을 수 없는 것이 있나 봅니다.
작은 별 속에 담긴 우린 어째
마주칠 수 없는지 애석합니다.

그대여

나 없어도 행복해질 거라 믿어요.
웃는 얼굴로 만나, 우는 표정을 짓고
헤어지는 길이라지만, 이젠 각자 받아들여야겠죠.

함께 누볐던 거리,
자주 갔었던 카페를 보면
서로가 문득 떠오를 테지만,
아무 일도 없었다는 듯이
새롭게 정한 길을 묵묵히 나아가요.

착잡한 심정이 진정되기까지는
오랜 시간이 걸리겠죠,

그대여, 이젠 나를 잊고 행복해지세요.

화상

꼭 불길에 휩싸여야
흉이 지는 것은 아니다.

빠르게 스쳐도
따듯한 것에 내리쬐어도
연한 것은 익게 된다.

외관적인 것만 그런 것도 아니다.
여린 우리의 마음에도 흉이 진다.

티가 잘 안 나서 그런 것뿐이지,
누구나 지워지지 않을 자국이 있다.

그걸 사랑이라 부르는 자가 있고,
이별이라 토해내는 자도 있더라.

눈

차가운 결정을 바라보고 있으면 눈물이 난다.
동정 어린 시선과 맞닿아 마찰이 생기고,
녹아서, 그런 것뿐이다.

성질이 같은 것끼리도 한없이
안겨질 수 있는 게
설, 움이다.

중력

깊은 날숨을 내뱉고,
베개에 얼굴을 파묻었다.

고개를 세게 뒤흔들며,
떠오르는 그녀 생각에 눈을 질끈 감았다.

혹여나 눈물이 새어 나올까,
그런 건 아니다.

농축된 눈물은 떨어질 수도 없이
지구의 중력과는 맞지 않으니까.

슬픔만 차오를 뿐,
부레 없는 물고기가 되어 익사한다.

돌고 돌아

걷다 보면 다시 우연히 만날 것 같다.
우연한 인연으로 맺어진 실의 타래가
풀어지고 헤졌어도

우리가 얽혔던 주름까진
모두 헤아릴 수 없으니까.

메아리

-아

닿을 수 없는 님에게
전하고 싶은 말을 저 높이서 불러보네.

울림의 끝은 점점 쇠약해져
공백을 방황하다 사라지네.

님께 전할 말은
이리 쉽게 사무치는데
마음은 부풀어 오르네.

나의 고백
용기를 내어도 넘을 수 없는
철조망에 걸리니 하는 수밖에

-아 -아 -아

목청이 찢어져라.
울부짖어라, 그댈 염원하네.

터널

으스스함 없이 고요하기만 한 이곳을
홀로 누비고 있습니다.

되돌아가기에는 이미 먼 거리를 떠나와서
잠시 의심스러웠던 발걸음을
재차 옮기며 빛 한 줄기 찾아 나섭니다.

오직 한 사람과의 믿음으로 시작된 여정.
우연히 다시 마주한다면 부끄러운 마음으로
눈 한 번 제대로 쳐다보지 못할 것을 압니다.

괜찮습니다, 갑작스레 밝아져서라는
핑계를 껴안고 눈을 비볐을 때,
눈물까지 닦아내며 웃음을 짓겠습니다.

땀과 먼지로 뒤덮였을 초라한 모습,
그때처럼 포근히 안아주지 않아도 좋으니
비참하게만 바라봐 주지 않길 바라며.

3부

촌스럽고 서툰 청춘

청춘

생애 가장 아름다운 시기를,
생애 가장 지독한 시기를 일컫는 표현.

얼마나 더 행복해지려 웃음이 나는지,
얼마나 더 행복해지려 아픔이 다가오는지 모른 채
서툴고 촌스러운 병에 담겨있는 듯한 순간.

행복이란 설탕이
불행과 함께 절여져
달콤하면서도 떫은맛이 나기에
더욱 중독되는 듯한 날,

비로소 청춘이란
감칠맛이 삶에 더해지는 오늘이
가장 젊은 날에 청춘.

길

아직 안 가본 길이라도
걸을 수만 있다면,

평평하든, 굽이졌든
옅은 발자국이 새겨지면
지구는 나의 것이 된다네.

터벅터벅, 이곳은 더 이상
두렵지 않은 곳이 되고,

저벅저벅, 설렘이 담긴
흔적을 놓고 갈 테니
찬찬히 지르밟고 오세.

살짝 어긋나더라도
우리가 향하는 곳은
평온함이 가득할 것이라네.

오늘에 날씨는 맑음

비가 그치면
기다렸다는 듯,
무지개가 아름답게 나타난다.

조금은 습하고
후덕지근함 속에
피어나는 연꽃처럼 곱다.

탁한 것을 맑게 하려는 것이 있기에
흐릿함이 서서히 사무치는 것.

오늘에 날씨는 맑음.

모두 사소한 것들이 모여
이루어진 순간이다.

가방

새벽을 지새우며
슬픔을 나누며
그러다 가끔 웃으며
하루를 함께 할 친구.

책가방을 맨
대학생 동갑내기를 보면
마음 한편이 적적하다.

집단에 소속되어 있으며,
안정적인 돈을 벌며,
가끔 힘들 때,
술잔을 기울일 동료.

출근 가방을 맨 회사원들을 보면
외로움에 휩싸인다.

시계 초침을 이르게 돌려
일찍이 어른이 된 내게,

남들과 다른 길을 걸어
외톨이가 된 소년에게
가방이란, 부담을 함께 짊어질 공간이다.

손에 쥐고 있는 펜과
공책을 주머니에 우겨 넣으며
그들을 따라 해보지만,
어울리지 않은 이방인이 된다.

가끔, 이런 삶에 지치지만,
퇴근길, 돌아가는 길에서만큼은
함께이니 위안 삼아 웃어본다.

혼자가 아니라 다행이다.

성장통

새싹아,
많은 비료를 갈구하지 않아도 된단다.

좋은 것이라도
체할 만큼 삼킨다면
더 많은 걸 토해내야 한단다.

너에게 있어,
살아갈 이유는 올바른 성장이란다.

부가적인 요소에 쫓겨,
감정과 체력을 낭비해서는 안 된다.

나의 시든 꽃잎을 보렴.
과한 욕심은 눈앞을 가리고,
중요한 것을 놓치게 된단다.

비록, 초라한 모습을 지닌 나지만,
너에게 있어 이 말만큼은 꼭 전해주고 싶었단다.

새싹아, 너만큼은 나를 닮지 않고 피어나렴.

세상은

빠르다.
아무리 이른 새벽에 나와도
길거리엔 사람들이 바삐 움직이고,

늦은 저녁에 돌아가도
여전히 바쁜 모습을 지켜내고 있다.

저들 사이에서 나의 삶은
당연한 걸까, 최선일까.

노력이란 열매가
성취란 과실이 되어
인정받을 수 있을까.

이유 모를 불안감이 엄습하는데
저들의 눈빛 속에도 나와 같은 것이 담겨있다.

-툭툭

애쓰지만,
알아봐 주지 못하는 바보들의 별.

이곳은 빠르다, 너무 빨라서
균형을 잃고 자주 넘어지나 보다.

질문

그대도 이 밤에 울고 있나요.

가진 게 눈물과 까맣게 그을린
마음뿐이라 짙은 새벽에 갇혀 있나요.

어떤 기분인가요.

끝없는 첨벙임 속
밑바닥과 닿지도 못한 채
슬픔을 유영하는 느낌인가요.

살아간다는 게 그렇죠.

무엇을 위해 사는지도 모른 채
다가올 죽음을 외면한 채
방황하는 게 별로죠.

이다지 행복보다 슬픔에 대한
질문만 가득 건넸는데
당신은 괜찮다고 하실 건가요.

갈수록 더뎌지고 무뎌지니
나는 이번에도 속아야 할까요.

그대, 밤이 끝났는데 울고 있나요.
아침이 다가와도 웃지 못 하나요.

다시 만나요, 오늘 밤 우리
설움의 쉼표가 안쪽으로 휘어질 만큼
얘기를 나눠요.

책상 아래

봉지 과자 두 개,
시원한 음료수 한 개,
아끼는 장난감과
작은 램프를 넣고
담요로 빈틈을 막으면
나만의 아지트가 생겼네.

아늑함에 금방 잠들고
더운 열기에 뒤척이다,
다시 밖으로 나오네.

한 평 남짓한 공간 속,
우리의 풋풋한 추억.

따라 할 수 없이 커진 덩치,
이젠 구겨질 수밖에 없는 과거.
그리워할 테니, 변하지 말아다오.

내일

인생은 외로움의 연속이지.

다만, 선물처럼 다가올 내일과
곁을 지켜주는 소중한 사람들의
귀중함을 깨우쳤다면
지친 마음을 달랠 수는 있지.

욕심을 조금 더 내어
미소까지 마음껏 지으려면 사랑이 필요하네,
불안정하지 않고 단단하게 맺어진 인연.

사람은 어제보다 오늘을
오늘보다 내일을 두려워하기에
함께할 동반자가 있다는 것만으로도
큰 위로를 받는 존재지.

그래,

내일을 살 수 있다는 것,
그것만으로도 소중하고
내일을 누군가와 함께할 수 있다는 것,
그것 또한 특별한 것이 되지.

칠흑 같은 어둠 속
수많은 별이 우주를 밝히듯,

그대가 만든 세상 속
수많은 존재가 그림자의
묵묵함을 덜어내 주고 있을 테니.

너무 걱정하지 말게.

찬찬히

죽어가는 중이다.

연분홍빛 벚꽃도 소나기 한 번이면
힘없이 시들고 떨어지는 것처럼,

정성스레 만든 눈사람도 온기에 맞닿으면
단단했던 형체가 그새 녹아내리는 것처럼,

피할 수 없어 늙는 것이고,
때에 맞춰 사라지는 것이다.

이 세상에 처음 나왔을 때의 울음소리,
갓난아이가 서럽게 운 것은 이 운명을
감각적으로 알았기 때문이다.

이토록 얽히고설킨
삶은 언제나 고요히 흘러간다.

가난

두 어린 자매가 손을 꼭 맞잡고,
동네 상점 앞에 놓인 주전부리를 바라보고 있었다.

동생으로 보이는 한 소녀가
주황색 쫀드기를 조심스레 집자,
곁에 있던 소녀는 울적한 목소리로
안 된다면 동생에게 위안을 건넸다.

무엇을 먹어도 금방 허기질 시기에
가혹한 것이 아니겠는가.

소녀들에게 다가가 말하였다.

"먹고 싶은 게 있다면 마음껏 골라도 돼."

동생은 해맑은 미소로,
언니는 의심쩍은 표정으로 내게 대답하였다.
멋쩍게 웃으며 괜찮다고 하려던 순간,
아이들의 엄마로 보이는 사람이
내게 화를 내기 시작했다.

시대가 많이 변했구나, 선의를 건네도
돌아오는 것은 악의인가. 서러운 마음에
과거의 이야기까지 털어놓게 되었다.

"아이들이 배고픈 눈빛으로 간식을
애석히 바라보기에 다가간 것이 아니다.

동정을 불러일으킨 무언가의
감정이 있기에 이내 도움을 주려 한 것,

이유 없이 베풀 사람도 세상에 있다는 걸
아이들도 알아야 세월이 흘러,
사람이란 존재의 반감이 덜해진다.

그렇지 못한 아이가 있었다,
가난해 보여, 누군가의 놀림이 되었던 날,

당시 손을 뻗어준 이가 있었다면 얼마나
좋았을지 어른이 되어서도 울적이고 있다.

부끄러운 것이 아니었다, 부족한 것도 아니었다,
필요로 한 건 따듯한 관심과
조금의 사랑이었을 뿐이었다."

그거 아는가,
옛이야기를 쏟아내면서도
엄마라도 있는 저 아이들을 안심했다.

세상의 가난은 끊이질 않은 평생의 속죄여,
이들보다 더 아픈 이들이, 배고픈 자들이 많기에.
삶은 밝은 면보다 어두운 면이 더욱 짙다.

폭식

아무리 먹어도 살이 찌지 않는 것이 있다.
채울수록 허기가 지고, 속이 부대끼면서도
멈출 수 없는 것.

외로움, 고독, 공허함, 욕심, 우울과 사랑 등등
우리가 느낄 수 있는 감정엔 한계가 없다.

그러니 원치 않아도 들여 마시는 것에
한 없이 아파하고, 답답해하는 건 순리인가 보다.

멍청한 녀석

착한 아이가 있었다.
자신보다 타인을 더 챙기려 하며,
힘듦보다 행복을 나눠주려는 이로운 존재.

하지만, 그 아이는 곪아버린 감처럼
살짝만 눌러도 진물이 나올 만큼
기존의 순수함을 고칠 새 없이 변질되었다.

원인은 '착함'이란 진단.
녀석은 자신을 챙기지 못한 대가로
돌이킬 수 없는 순간을 계속 머금어야 했다.

가여워할 수도, 비판할 수도 없는 사람.

과연, 그 사람이 내 곁에만 있을까.

결핍

하나를 가지면
둘이 아쉽고,

빈틈을 채워도
빠져나가는 것이 있지.

겨울의 내리는 눈이
세상을 모두 덮을 수 없는 것처럼
누구나 결핍을 지니고 있네.

부족하다는 건 다른 게 아닌
당연한 것으로 정의할 뿐이네.

만일

내일이 없다면
현재의 고민은 무슨 소용인가.

죽음이란 곧 다가올 운명 앞에선,
숨을 헐떡이어도 피할 수 없으니
살아생전 모든 순간을 즐기게나.

한순간의 그리움,
한순간의 외로움,
한순간의 괴로움까지
추억으로 회고될 날이 올 터이니.

같은 길

검은 정장을 차려입고,
광낸 구두를 신고,
반듯한 가방을 들고,
어딘가 향하는 젊은이들.

목적지는 모두가 다르지만,
나란히 걷다 보니 힘이 나네.

성도, 이름도 모를,
스쳐 지나갈 동반자,

돌아오는 길 마주칠지도 모르지만,
우리가 잠깐이라도 함께한 것에
누군가는 감사하네.

잘 가세,
혼자라고 생각 말고,
어여, 원하던 것을 이루러
발자국의 온 힘을 다 싣고 떠나세.

첫 문장

숨과 마음을 가다듬고
첫 문장을 차근히 집필했다.

'사라질까, 아무도 모르는 곳으로.'

떨리는 손을 겨우 부여잡고
두 번째 문장을 마저 채웠다.

'떨어지는 낙엽 따라, 생기를 잃은 채
저 깊은 밑바닥으로 세게 부딪힐까.'

15살 꼬마 아이는 마침표를 찍고 한없이 울었다,
그날은 자신이 태어난 날이자,
가장 도망치고 싶은 순간이었다고 한다.

그 아이가 나라서
상처를 달래줄 수가 없어서,

사랑해 주지 못해, 안아주지 못해,
잘 견뎌주지 못해, 용기 내지 못해,

미안해,
그날 나를 더 지켜줬어야 했는데.

너의 첫 문장은 몇 년 뒤,
어느 문학가가 들춰낼 거란다.

짙은 어둠 가운데
빛 한 줄기 고이 담아,
많은 이들에게 전할 거란다.

웃고 우려나,
너와 나의 묵혀진 감정이.

나그네

정처 없이 떠돌아다니며
여백을 잉크로 채우는 삶.

가끔 우연히 만난
소중한 인연에게
반가운 손 인사를 건네고,

다시 묵묵히
비워진 곳을 찾아 떠나네.

텅 비어짐에
외로울 때가 있지만
이젠 익숙하다네.

-스윽

힘겹게 적은 획이
간절히 맞닿길 바라네.

지워지지 않는 상처에
덧칠해질 아름다움이니
내가 두고 간 것을 힘껏 안고,

속내를 낙서하게,
그게 우리의 최선이라는 걸
알고 있을 터이니 또 봄세.

떠나려는 모든 청춘에게

최초 발행일 2024년 8월 19일

1쇄 발행 2024년 8월 19일
3쇄 발행 2025년 2월 20일

지은이   이시월
펴낸이   이종혁
디자인   박금라

펴낸 곳   일단
이메일   ildanbook@naver.com
출판등록 2022년 11월 1일 제2024-000020호

ISBN   979-11-980755-4-3

· 이 책은 저작권법에 따라 보호받는 저작물이므로 무단 전재와 복제를 금지하며, 이 책 내용의 전부 또는 일부를 이용하려면 반드시 저작권자와 '일단'의 서면 동의를 받아야 합니다.

· 잘못 인쇄된 책은 구매하신 서점에서 교환해드립니다.